"TRANSFORMA TU VIDA"

"DESPIERTA TU GRANDEZA"

MARLYN PEREZ

Copyright © 2025 MARLYN PEREZ

Todos los derechos reservados.

Queda prohibida la reproducción total o parcial de este libro, su almacenamiento en un sistema de recuperación de datos o su transmisión en cualquier forma o por cualquier medio (electrónico, mecánico, fotocopia, grabación u otro) sin la autorización previa por escrito del autor, salvo en el caso de citas breves en reseñas o artículos.

"Dedicado a ti"

Que estos principios Psicológicos te traigan amor y felicidad

Que la armonía envuelva tu alma para una transformación de adentro hacia afuera durante toda tu existencia.

Este es mi deseo para ti...

Agradecimiento

Agradezco a Dios por el don de la vida y por ser la luz que guía cada uno de mis pasos.

A mis padres, por su amor incondicional, por su entrega y por enseñarme con su ejemplo el valor de caminar por el buen camino.

A mis hijos, Ashlye y Michael, quienes son mi mayor inspiración y la fuerza que me impulsa a ser una mejor persona cada día.

ÍNDICE

Introducción 9

Sanate y sana a otros con tus palabras. 10

Fomenta el autocontrol. 17

Dominando la voluntad. 25

Construye la mejor versión de ti. 29

Autoconocimiento como base del cambio 36

El arte del equilibrio 40

la gratitud 44

la empatía 48

El poder de abrazar 50

BIOGRAFIA 52

Prólogo

La psicóloga Marlyn Pérez decidió escribir este libro motivacional y de autoayuda luego de años de experiencias transformadoras en su consulta en el Hospital Infantil Santo Socorro, en Santo Domingo, República Dominicana. A través de su labor profesional y su profunda vida de fe, ha desarrollado una sensibilidad especial hacia el dolor, las luchas y los anhelos de quienes han buscado su orientación.

Su mayor fuente de inspiración ha sido su propia vida: las vivencias junto a sus hijos y su familia, el contacto humano con sus pacientes y la observación cercana del comportamiento humano en sus múltiples formas. Todo esto la impulsó a compartir lo aprendido, con la intención de ayudarte a construir la mejor versión de ti mismo.

En este libro encontrarás herramientas prácticas para aplicar en tu día a día. A través de temas cuidadosamente seleccionados, Marlyn te invita a abrazar el cambio, sanar heridas, cultivar la empatía, fortalecer tu voluntad y desarrollar el arte del equilibrio personal.

El poder de un abrazo, por ejemplo, puede ser más sanador de lo que imaginamos. El calor humano tiene la capacidad de reconfortar el alma, tanto propia como ajena. También descubrirás cómo las palabras —bien dirigidas y conscientes— pueden convertirse en instrumentos de sanación y transformación, y cómo el autocontrol te sostiene cuando la vida "te sacude" inesperadamente.

Explorarás la conexión entre lo divino y lo humano al aprender a dominar tus emociones, y entenderás que el autoconocimiento es la base de todo cambio verdadero. A través de la gratitud, aprenderás a atraer más razones para agradecer, y con la empatía lograrás relacionarte de forma más sana contigo y con los demás.

Este no es solo un libro; es una invitación a un viaje interior, una guía para reencontrarte contigo mismo y redescubrir tu propósito.

¡Adelante! Sigue leyendo y sumérgete en este camino de transformación y crecimiento personal.

Introducción

Este libro nace con un propósito claro: inspirarte a transformar tu vida desde adentro, sin importar la etapa en la que te encuentres. A lo largo de estas páginas hablaremos sobre el poder del momento presente, la importancia de conocerte a ti mismo, y cómo la voluntad, la disciplina y la resiliencia son herramientas esenciales para avanzar.

Exploraremos temas como la procrastinación, los bloqueos mentales, el autodiálogo, el valor de aprender algo nuevo y la necesidad de dejar atrás hábitos que ya no te sirven. Reflexionaremos también sobre el miedo al cambio, la presión del tiempo y la búsqueda de felicidad en lo superficial, entendiendo que todo gran cambio comienza con pequeños pasos diarios y conscientes.

Este no es un libro de soluciones mágicas, sino una guía realista y compasiva que te invita a despertar, a escucharte, a actuar… y sobre todo, a recordar que nunca es tarde para empezar de nuevo.

Sanate y sana a otros con tus palabras.

A lo largo de nuestro caminar, desde la infancia hasta la adultez, descubrimos el enorme impacto que pueden tener las palabras en nuestras vidas. Una sola palabra puede marcar la diferencia: puede levantar a alguien del suelo o hundirlo aún más. Puede sanar... o herir profundamente.

Las palabras tienen un poder inmenso. Poder para curar, para inspirar, pero también para destruir. Por eso, es fundamental aprender a hablarnos con amabilidad, con respeto y con cariño, especialmente en los momentos más difíciles.

El reconocido psicólogo estadounidense William James lo expresó de manera contundente:

"Eres tú, con la forma en que te hablas cuando te caes, quien decide si has tropezado en un bache... o has caído en una tumba."

¿Qué eliges decirte cuando cometes un error?

¿Te llamas fracasado o fracasada?

¿O prefieres detenerte un momento, respirar y pensar: "He fallado, sí... pero ¿qué puedo aprender de esto?"

A lo largo de la vida seguramente te has topado con dos tipos de personas: personas-puñal y personas-medicina. Las primeras hieren con sus palabras; las segundas, sanan con ellas. Hay quienes, con tan solo hablar, alivian el alma.

Seamos de esos. Seamos gente que sana.

Lo primero que debemos entender es que el rencor y el resentimiento solo nos dañan a nosotros mismos. Si alguien o algo nos hizo daño, ya ocurrió, y por más que lo deseemos, no podemos cambiar el pasado.

Lo que sí está en nuestras manos es lo que hacemos con esa experiencia: aprender de ella y seguir adelante.

Aquí algunas claves para comenzar a sanar:

- Trata de ver las cosas desde otra perspectiva. A veces, el cambio de ángulo nos permite ver lo que antes no comprendíamos.

- Recuerda que todos cometemos errores. Así como otros te han herido, tú también has podido herir, tal vez sin querer, con tus palabras o acciones.

- Practica la empatía y la escucha activa. Perdonar no es justificar, pero sí implica intentar comprender. Y para comprender, es necesario ponerse en el lugar del otro.

- Juzga menos y comprende más. Detrás de cada comportamiento hay una historia, una herida, una emoción.
- Marca límites y sé asertivo. Habla con quien te hirió si lo consideras necesario, pero, sobre todo, evita devolver el daño.
- No te rebajes al mismo dolor. Rompe el ciclo.

Cuando somos niños, absorbemos como esponjas todo lo que nuestros padres dicen de nosotros. Sus palabras nos marcan de manera profunda, tanto para bien como para mal.

Por eso, debemos tener extremo cuidado con cómo le hablamos a un niño. Si constantemente le dices "no sirves para nada" o "eres un inútil", ese niño crecerá creyéndolo.

Del mismo modo, si le dices con frecuencia "eres valiente", "eres capaz", "puedes lograr lo que te propongas", también lo creerá.

Los niños se van construyendo con la información que reciben.

Y tú, ¿qué palabras estás sembrando en quienes te rodean?

Formemos personas sanas, felices y conscientes.

Despidámonos del rencor.

Desapeguémonos del dolor.

Los errores que hayas cometido, o las heridas que otros te hayan causado, pertenecen al pasado. Cargar con resentimientos, con odio, con tristeza o con decepciones solo añade peso a tu vida.

Y si lo piensas bien… ¿de qué te ha servido?

Suelta.

Olvida.

Y elige ser feliz.

Dejar atrás lo que ya no te hace bien es el primer paso para reconectar contigo, con tus emociones, con tu libertad interior.

Cuando lo hagas, sentirás cómo te vuelves más ligero, más pleno, más tú.

Tus gritos dicen lo que tu alma ha callado.

¿Cuántas veces has alzado la voz en medio de una discusión, justo cuando estás fuera de tu zona de confort?

Tu sangre hierve, tu mente se nubla, y tu voz se convierte en portavoz de todo lo que ha estado silenciado dentro de ti durante años. Pero nadie merece cargar con tus dolores. Nadie debe pagar por los platos rotos que otros quebraron.

Cuando te sientas así, obsérvate. Solo así podrás crear una mejor conexión contigo mismo.

Ejercicio de pausa consciente:

Cuando te invada una emoción intensa:

- Detén tus palabras.
- Respira cinco veces, inhalando profundo por la nariz, exhalando suave por la boca.
- Observa cómo te sientes.
- Si es necesario, repítelo dos veces más.

Este pequeño acto de conciencia puede evitar una gran herida.

Recuerda: nadie merece escuchar el dolor de tu alma expresado en forma de agresión. Aprende a ser tu propio observador.

El poder de las palabras puede sanar tu autoestima… y también sanar a quienes te rodean.

¿Cómo te estás hablando?

Las palabras tienen poder. Pueden herir, pero también pueden sanar. Y no solo se trata de lo que dices a los demás, sino —sobre todo— de cómo te hablas a ti.

¿Te criticas constantemente? ¿Te repites que eres torpe, que no vales, que no puedes?

El diálogo interno negativo es capaz de destruir la autoestima más fuerte. Es como vivir en un universo paralelo donde tú mismo te conviertes en tu enemigo.

Las palabras son como un cuchillo: pueden preparar el alimento o provocar una herida.

Sé consciente de cómo te hablas. Porque esa voz interna se convierte en la forma en la que te tratas. Y lo que permites dentro, lo reflejarás fuera.

Autocontrol y atención: claves para sanar

Muchas veces herimos sin querer. No por falta de amor, sino por falta de atención o autocontrol.

Existen personas que están dispuestas a hacer un esfuerzo por cambiar, pero sin darse cuenta, su atención sigue enfocada en lo que no quieren. Y lo que te enfocas, se expande.

Por eso es tan importante aprender a comunicarnos con conciencia, para no herir ni herirnos a nosotros mismos, ni a quienes más amamos.

Exprésate con amor, con compasión, con entrega. Habla desde el corazón.

La ciencia también lo confirma

"Más allá de las palabras que usamos, los sentimientos —buenos o malos— afectan nuestra relación cuerpo-mente y también a quienes nos rodean, incluso si están a distancia", dice el Dr. Larry Dossey, autor de Healing Words y Be Careful What You Pray For, experto en el impacto de la espiritualidad en la salud.

El Dr. Andrew Newberg, director de investigación del Jefferson-Myrna Brind Center of Integrative Medicine, sugiere un ejercicio poderoso:

Ejercicio interior de valores: Dedica uno o dos minutos al día a concentrarte en un valor moral o espiritual que desees fortalecer: confianza, compasión, perdón, respeto...

Ese valor se convertirá en el eje de tu manera de relacionarte.

Por ejemplo, si eliges la confianza, busca formas de ganártela —de los demás y de ti mismo—.

Si eliges el respeto, comienza por tratarte con consideración.

Cuanto más presentes estén tus valores en tus acciones, más pronto se volverán parte natural de tu conducta... y verás los frutos en tu vida diaria.

Fomenta el autocontrol.

El gran psicólogo B.F. Skinner (1970) lo expresó con claridad al decir:

"Cuando un hombre se autocontrola, decide realizar una acción determinada, piensa en la solución de un problema o se esfuerza por aumentar el conocimiento de sí mismo, está emitiendo conducta"; es decir, se está comportando.

Esta afirmación tan simple como profunda nos lleva a preguntarnos:

¿Realmente tienes control sobre tu vida?

Imagina que comienzas el día con intenciones claras: organizar tus tareas, cuidar de ti, cumplir tus metas.

Pero, de pronto, la vida interrumpe ese plan con una cita médica inesperada, un accidente, una emergencia familiar, o una reparación urgente en casa.

Situaciones comunes que, sin embargo, pueden convertirse en fuentes de estrés y frustración. Es allí donde entra en juego la conciencia y la paciencia.

Pensar antes de hablar.

Respirar antes de reaccionar.

Actuar desde la calma, no desde el caos.

Aprovechar nuestras capacidades internas para manejar emociones y decisiones no solo mejora nuestro bienestar personal, sino que también genera el cambio que muchas veces esperamos ver en los demás.

Querido lector: En lugar de esperar a que el mundo cambie, conviértete tú en ese cambio.

Cultiva tu jardín interior —ese espacio íntimo donde florecen la paciencia, el amor y la claridad— fuera el primer paso para transformar todo lo que te rodea. Cultivar la calma en medio del caos: es el camino hacia la ataraxia

 Estas no son teorías abstractas: son tácticas que puedes comenzar a implementar desde hoy para transformar tu forma de relacionarte contigo mismo y con el mundo.

Aquí te comparto algunas herramientas prácticas que puedes comenzar a aplicar desde hoy:

1. Inicia tu día con un ritual de enfoque

Dedica unos minutos cada mañana para ti. No necesitas una hora entera ni un espacio perfecto. Bastan 5 minutos de respiración profunda, meditación o reflexión silenciosa. Visualiza los posibles retos del día y cómo deseas responder ante ellos con calma y sabiduría. Este sencillo hábito prepara tu mente y fortalece tu autocontrol emocional.

2. Practica la atención plena (mindfulness)

La atención plena consiste en vivir el aquí y ahora de forma consciente. Es observar lo que sucede en tu presente sin dejar que la mente vague por escenarios futuros o pasados. En lugar de preocuparte por lo que podría pasar o lamentarte por lo que ya ocurrió, aprendes a habitar tu momento actual.

Al practicar la atención plena, desarrollas una nueva relación con tus pensamientos: dejas de ser víctima de ellos para convertirte en su observador. Y cuando observas con claridad, dejas de reaccionar impulsivamente.

3. Permítete sentir sin ser arrastrado

No se trata de reprimir emociones, sino de sentirlas sin que ellas te controlen. El miedo, la ira, la tristeza… todos tienen un propósito. Pero tú no eres tu emoción: eres el espacio donde esa emoción sucede.

Con el tiempo, verás cómo estas prácticas fortalecen tu capacidad de mantenerte en calma incluso cuando todo a tu alrededor se vuelve incierto. Ese es el verdadero poder del autocontrol: una mente tranquila en medio de la tormenta.

El arte de hablarte con calma

No se trata solo de lo que haces, sino también de cómo te hablas. El diálogo interno cumple un papel crucial en la relación contigo mismo. Decirte frases como "esto pasará pronto" o "puedo mantener la calma" no son simples palabras: son anclas mentales que te permiten observar tus pensamientos y emociones sin dejar que te arrastren.

Este tipo de autodiálogo reduce la tendencia a reaccionar impulsivamente y te recuerda algo esencial: todo es transitorio. Ninguna tormenta es eterna, y tú tienes dentro de ti la capacidad de mantenerte sereno hasta que las aguas se calmen nuevamente.

La ataraxia también influye directamente en la calidad de tus decisiones. Cuando estás en un estado de calma, tu mente opera en su mejor versión: con claridad, enfoque y sabiduría. No te dejas llevar por el pánico ni por emociones desbordadas. En cambio, eliges desde un lugar de reflexión, alineado con tus valores más profundos.

Esto contrasta con las decisiones reactivas que solemos tomar bajo presión o estrés —decisiones que muchas veces no reflejan quiénes somos ni lo que realmente necesitamos.

Imagina por un momento que estás en medio del océano, navegando bajo un cielo despejado, con el viento en calma. De pronto, las nubes cubren el horizonte, el mar se agita y las olas comienzan a golpear tu pequeño barco. A pesar del caos, tú permaneces sereno. No te dejas arrastrar por el pánico. Sabes que la tormenta pasará.

Ese estado de tranquilidad y firmeza interior es lo que los psicólogos llaman ataraxia.

Más que una simple paz, la ataraxia es una fortaleza mental y emocional: la capacidad de mantener el control incluso cuando el mundo parece desmoronarse a tu alrededor.

Este concepto, originado en las escuelas filosóficas del estoicismo y epicureísmo, ha sido retomado por la psicología moderna como un ideal de equilibrio emocional. No se trata de desconectarse del mundo ni de ser indiferente, sino de desarrollar una mente tan ordenada y consciente, que ninguna circunstancia externa logre perturbar tu serenidad.

Pero… ¿cómo se alcanza este estado?

No es inmediato, ni fácil. Es un proceso que requiere constancia y compromiso diario.

Ejercicios prácticos para cultivar la ataraxia

La buena noticia es que esta serenidad no es un privilegio reservado para unos pocos. Existen ejercicios prácticos que puedes incorporar a tu rutina diaria para cultivar ese estado de equilibrio. Aquí te comparto dos muy poderosos:

1. Visualización negativa

Aunque pueda sonar contradictorio, imaginar los peores escenarios posibles puede ayudarte a prepararte mentalmente para lo inesperado. Esta práctica, heredada del estoicismo, no busca llenarte de miedo, sino brindarte perspectiva.

Cuando te enfrentas mentalmente a lo peor, descubres que puedes soportarlo, y comienzas a valorar más tu presente. Aprendes a soltar el miedo al futuro.

2. Diario de gratitud

Dedicar unos minutos cada día a escribir tres cosas por las que te sientes agradecido puede transformar tu forma de ver el mundo. Este ejercicio sencillo fortalece una actitud positiva, promueve una paz profunda y te ancla a lo esencial.

La gratitud, al igual que la calma, es una elección que se cultiva con intención.

Un camino, no un destino.

Es importante entender que la ataraxia no es un destino final, sino un camino continuo de crecimiento interior. Consiste en aceptar las cosas tal como son, sin resistencias innecesarias, sin pelear con la realidad. Pero aceptar no significa rendirse: es aprender a navegar con paz interior en medio de lo que no puedes controlar, sin perder la dirección.

En la vida cotidiana, los beneficios de este estado son invaluables.

No solo mejora tus relaciones personales y profesionales —al permitirte escuchar activamente y comunicarte desde un lugar de equilibrio—, sino que también impacta directamente tu salud física y emocional.

Al reducir el estrés y aumentar tu capacidad para manejar la ansiedad, comienzas a experimentar un bienestar genuino, más profundo, más duradero.

El arte de navegar la tormenta

Así que la próxima vez que te encuentres en medio de una tormenta —ya sea emocional, laboral o familiar— recuerda que tienes dentro de ti la capacidad de mantener la calma.

No te dejes arrastrar por el caos exterior. El autocontrol es un arte: el arte de navegar las aguas turbulentas de la vida con serenidad, paciencia y práctica.

Y sí, tú también puedes dominar este arte.

El primer paso comienza contigo.

Dominando la voluntad.

La voluntad: el motor silencioso del autocontrol

La voluntad es uno de esos aspectos que todos admiramos, pero pocos comprenden realmente cómo se forja.

Solemos pensar que si no alcanzamos nuestras metas es por falta de fuerza de voluntad, pero esa no es la única razón.

El psicólogo Roy Baumeister, investigador de renombre en el campo del autocontrol, propone que alcanzar un objetivo requiere tres componentes fundamentales:

- Tener una motivación clara para el cambio, acompañada de una meta específica.
- Monitorear constantemente tu comportamiento, es decir, hacer un seguimiento consciente de tus acciones para verificar si te acercan o te alejan del objetivo.
- Aplicar la fuerza de voluntad, ese impulso necesario para mantener el rumbo cuando aparecen las tentaciones, el cansancio o la frustración.

Ya sea que tu objetivo sea perder peso, dejar de fumar, estudiar más o reducir el tiempo en redes sociales, la voluntad se vuelve un paso crucial. No es solo un concepto abstracto o una idea romántica de fuerza interior.

Es una habilidad entrenable. Una herramienta que puede moldearse y fortalecerse con la práctica diaria.

En el camino del autocontrol, la voluntad se convierte en el motor silencioso que impulsa nuestras acciones.

Es esa fuerza interna que nos ayuda a soportar la incomodidad, resistir los impulsos inmediatos, y avanzar aún cuando el entorno no es favorable.

Cuando cultivamos la voluntad, aprendemos a convertir la frustración en persistencia, y el desánimo en determinación.

Aprendemos que cada decisión, por pequeña que parezca, tiene el poder de moldear quiénes somos y hacia dónde vamos.

La voluntad es esa chispa interna que nos mantiene firmes en nuestros valores, incluso cuando las circunstancias nos empujan en dirección contraria.

Querido lector, seguramente más de una vez te has visto en situaciones donde todo parecía estar en tu contra. Y, sin embargo, seguiste adelante.

¿Por qué? Porque dentro de ti vive una fuerza poderosa que no te permitió rendirte: tu voluntad.

Fortalecerla no es cuestión de suerte ni de talento innato. Es como entrenar un músculo: requiere constancia, esfuerzo y, sobre todo, estrategias efectivas.

Imagina que tienes frente a ti una gran montaña por escalar. Si solo te enfocas en la cima, podrías sentirte abrumado y rendirte antes de empezar.

Pero si divides ese gran reto en tramos más pequeños y alcanzables, cada paso se convierte en una pequeña victoria que te acerca, poco a poco, a la cima.

Este enfoque no solo alivia la carga mental, sino que también incrementa tu motivación.

Con el tiempo, esas pequeñas conquistas fortalecen tu voluntad y te hacen capaz de alcanzar metas que antes parecían imposibles.

Uno de los enemigos más silenciosos de la voluntad es la procrastinación.

Todos, en algún momento, hemos pospuesto lo inevitable, convenciéndonos de que "mañana será mejor". Pero la verdad es que la procrastinación es un ladrón de tiempo y energía, y superarla requiere más que buenas intenciones.

La clave está en aplicar disciplina consciente. Establecer y respetar un horario puede parecer rígido al principio, pero en realidad es profundamente liberador.

Cuando asignas un tiempo específico a cada tarea, no solo aprendes a respetar tu propio tiempo, sino también el de los demás.

Esa estructura diaria refuerza tu voluntad, porque te demuestra, día tras día, que eres capaz de cumplir con lo que te propones.

Y no hay nada más poderoso que la confianza en uno mismo alimentada por la constancia.

Construye la mejor versión de ti.

Autoconocimiento: el primer paso hacia tu mejor versión

Para construir la mejor versión de ti mismo, es necesario conocer a fondo tus fortalezas y debilidades. Deja de hablarte en negativo. Deja de repetir historias que te limitan.

Conócete. Escúchate. Sé honesto contigo mismo.

El autoconocimiento implica mirar de frente tus valores, tus metas, tus pasiones... pero también tus miedos, tus carencias y esas partes de ti que aún están en proceso.

No se trata de juzgarte, sino de reconocerte con compasión.

Sí, la introspección puede doler. Pero es también el camino más sincero hacia el crecimiento personal.

Tal vez has sentido que el tiempo se te escapa, que cada año que pasa reduce tus posibilidades de cambiar o reinventarte.

Pero eso no es verdad. Cada día que despiertas es una nueva oportunidad para empezar.

Reinvéntate. Aprende. Despierta.

La edad no limita el cambio. La etapa en la que estés no define tu capacidad para crecer. El verdadero poder para transformar tu vida no está en el pasado, ni en el futuro.

Está en el aquí y el ahora, entonces sin duda puedes:

- Puedes empezar hoy.
- Puedes dejar atrás esos hábitos que ya no te sirven.
- Puedes abrirte a nuevas oportunidades.
- Puedes moldear tu destino con cada decisión, con cada paso consciente, con cada acto de valentía.

Estas palabras son claras: quiero inspirarte y darte herramientas prácticas, basadas en principios del cambio psicológico, para que puedas transformar tu vida, sin importar tu edad ni tus circunstancias actuales.

Recuerda: nunca es tarde para cambiar. Cada momento es una nueva oportunidad para empezar de nuevo, para aprender y evolucionar.

Ahora, sin más preámbulos, comencemos con nuestra primera lección:

Reconocer el poder del momento presente: tomar el control de tus emociones y mantener una conexión genuina contigo mismo solo es posible si estás presente en el aquí y el ahora. Aunque pueda sonar como una frase trillada, el presente es lo único que realmente tenemos.

El pasado, por más que intentemos revivirlo o analizarlo, ya no está.

El futuro, aunque prometedor, aún no ha llegado.

Entonces… ¿qué te queda?

El presente!

Y es aquí donde reside tu verdadero poder. Es aquí donde puedes ejercer tu voluntad, tomar decisiones, iniciar cambios, decir "basta" o decir "voy a intentarlo de nuevo".

Este es el único momento desde el cual puedes construir algo nuevo. No importa cuántos errores hayas cometido o cuántas veces hayas pensado que ya no había vuelta atrás.

El momento para comenzar a ser quien deseas ser es ahora.

A menudo caemos en la trampa de pensar que el cambio está fuera de nuestro alcance, o que debemos esperar a que todo esté en su lugar.

Pero la verdad es que el momento perfecto no existe, salvo el que estás viviendo ahora mismo. Este instante, justo ahora mientras lees estas palabras, es tu punto de partida.

Casi siempre pasamos la vida esperando que todo encaje, que el futuro nos traiga la felicidad que deseamos. Pero al hacerlo, perdemos la oportunidad de ser felices ahora.

No importa lo que pasó ayer ni lo que temes que pueda suceder mañana. Hoy, aquí y ahora, tienes la capacidad de cambiar, de tomar decisiones y de actuar.

Cuando dices "es demasiado tarde", en realidad es solo una excusa que nuestra mente usa para evitar la incomodidad del cambio.

No necesitas pasar horas meditando, pero sí puedes tomarte un momento para respirar y ser consciente de lo que estás haciendo en este preciso instante.

Eso te brinda la claridad necesaria para actuar con intención.

Cambiar no es un evento único y dramático, sino un proceso continuo, hecho de pequeños pasos que das cada día.

El aprendizaje es parte esencial de este proceso, no solo en términos académicos, sino en la vida misma.

Jean Piaget, uno de los autores más destacados en el enfoque cognitivo, propuso que el desarrollo intelectual es un proceso ordenado y secuencial, donde construimos nuestro conocimiento a través de la interacción con el entorno. Esta teoría ha impactado la educación y la comprensión de cómo aprendemos.

Cada día, cada experiencia, tiene algo que enseñarte. Adoptar una mentalidad de crecimiento constante hace que el cambio se vuelva natural.

No se trata de transformarte de la noche a la mañana, sino de ser un poco mejor que ayer, de seguir aprendiendo, de abrirte a nuevas ideas.

Esa curiosidad por la vida y por lo que puedes mejorar es lo que te mantiene en movimiento.

Pero no todo es fácil, ¿verdad? Muchas veces, nuestros propios miedos y creencias limitantes nos detienen. Pensamos: "Soy demasiado viejo para cambiar" o "Ya es demasiado tarde para mí". Estos pensamientos son solo obstáculos mentales.

La clave está en identificar esos bloqueos y enfrentarlos. Aceptar lo que eres hoy no significa que no puedas cambiar mañana; significa que hoy, en este preciso instante, puedes hacer algo para acercarte a la persona que quieres ser.

En esa aceptación hay una fuerza inmensa, porque cuando dejas de resistirte, puedes actuar con mayor claridad y determinación. El cambio ocurre en pasos pequeños, constantes y resilientes.

Al final del día, la práctica diaria es lo que forja la resiliencia. No se trata de no caer, sino de aprender a levantarte cada vez con más sabiduría.

Hay cosas que no puedes cambiar, pero siempre hay aspectos sobre los que tienes control.

Focalizarte en lo que puedes cambiar es fundamental para no desperdiciar energía. Cuando liberas esa energía de las cosas que están fuera de tu alcance, puedes redirigirla hacia tu propio crecimiento. Es una estrategia simple, pero increíblemente poderosa.

A veces, escuchar cómo alguien más superó una dificultad inspira a seguir adelante. Y cuando compartes tu propio camino, también puedes motivar a otros.

Usa la resiliencia, es como un músculo, cuanto más la usas, más fuerte se vuelve.

Y la vida, con todos sus desafíos, es el campo perfecto para forjar el cambio que deseas. No importa cuándo empieces.

Lo importante es que lo hagas ahora, porque este momento es todo lo que tienes para comenzar a ser la mejor versión de ti mismo. Aquí te muestro mejores enfoques:

- Rodéate de personas que te inspiren.
- Conócete a ti mismo.
- Enfrenta tus conflictos.
- No busques la felicidad en cosas materiales.
- Vive el presente.

- Practica el autocuidado.
- Aprende algo nuevo cada día.

Autoconocimiento como base del cambio

―――――― ✢ ――――――

¿Cómo puedes modificar algo que ni siquiera conoces bien? Sería como intentar arreglar un coche sin entender cómo funciona su motor.

El autoconocimiento es el primer paso hacia la transformación personal, pero lo interesante es que este proceso no tiene por qué ser largo ni complicado. Cada día te ofrece una nueva oportunidad para observarte con mayor claridad, para hacer ajustes en tu comportamiento y para acercarte a la persona que realmente quieres ser.

El autoconocimiento no se limita solo a reflexionar sobre tus pensamientos.

Los psicólogos nos enseñan que el diálogo interno, ese monólogo que mantienes contigo mismo, es fundamental. Las palabras que te dices en ese silencio interno moldean tu realidad y tu capacidad para cambiar.

Si tu diálogo interno es negativo o excesivamente autocrítico, es como tener un enemigo habitando en tu mente. La buena noticia es que la psicología nos brinda herramientas valiosas para transformar esa voz interna.

No se trata de engañarte con afirmaciones positivas superficiales, sino de cuestionar esos pensamientos limitantes y, poco a poco, reprogramarlos para que trabajen a tu favor.

Esta transformación es profunda porque cambia la manera en que enfrentas los desafíos cotidianos. Es común pensar que, a cierta edad, ya no es posible cambiar, que "somos como somos", pero esto es un mito.

El autoconocimiento es un proceso continuo que se extiende a lo largo de toda la vida. Es fascinante y se enriquece con la experiencia; a medida que envejecemos, acumulamos vivencias que nos permiten vernos con mayor claridad y descubrir patrones que antes pasaban desapercibidos.

No importa en qué etapa de la vida te encuentres, siempre puedes profundizar en quién eres y realizar cambios auténticos que te impulsen a crecer. Una de las prácticas que más valoro dentro del autoconocimiento es el autoexamen diario.

Es un ritual que, al final de cada día, te invita a preguntarte: ¿Qué hice bien hoy? ¿Qué puedo mejorar para implementar mañana?

Este ejercicio no busca castigarte, sino observarte desde una perspectiva de crecimiento constante.

Cuando te dedicas a esta autoobservación de forma regular, empiezas a identificar patrones, a reconocer áreas donde aún tropiezas y a valorar tus progresos. Lo más importante es que te brinda la oportunidad de hacer ajustes inmediatos.

El autoconocimiento también implica enfrentar verdades incómodas. Tal vez descubras creencias limitantes que te han frenado por años. Aquí es donde el diálogo interno que mencionamos antes cobra relevancia: al identificar esos pensamientos que bloquean tu avance, puedes desafiarlos, cuestionarlos y reemplazarlos por ideas más constructivas.

Es un trabajo constante, pero cada vez que logras transformar una creencia negativa, das un paso firme hacia tu mejor versión.

A menudo olvidamos que no estamos solos en este proceso. Escuchar la perspectiva constructiva de otros puede ser un espejo invaluable. Hay quienes ven en nosotros aspectos que no detectamos por nosotros mismos, y esa retroalimentación es una oportunidad única para crecer.

La clave está en recibirla con humildad, sin ponernos a la defensiva, y usarla como una herramienta más en nuestro camino hacia el autoconocimiento.

Finalmente, quiero hablarte de la congruencia. A medida que te conoces mejor, empiezas a definir qué es realmente importante para ti; tus valores se clarifican y tu autoestima se fortalece.

Pero hay una diferencia fundamental entre tener claros esos valores y vivir realmente acorde a ellos.

El autoconocimiento no solo consiste en descubrir quién eres, sino en alinear tus acciones con tus principios más profundos.

Es ahí donde ocurre la verdadera transformación: cuando tus pensamientos, palabras y acciones están en armonía, experimentas una paz interior y un propósito que nada puede quebrantar.

Cada día dedicado al autoconocimiento es una oportunidad para crecer en sabiduría, tomar mejores decisiones y vivir con mayor plenitud.

Lo más valioso es que este proceso nunca termina. Siempre hay algo nuevo por descubrir en ti, y con cada hallazgo se abren puertas a nuevas formas de crecer y cambiar.

El arte del equilibrio

En psicología, el equilibrio se entiende como un estado de bienestar mental y emocional que se alcanza mediante una perspectiva flexible, el autoconocimiento y la armonía entre la vida personal y laboral.

La templanza, en esencia, es ese punto preciso entre el exceso y la carencia. Es saber cuándo has hecho lo suficiente y cuándo es momento de detenerse, sin permitir que la urgencia o el cansancio marquen tu ritmo.

Muchas veces, cuando intentamos cambiar algún aspecto de nuestra vida, nos lanzamos con entusiasmo y fuerza, lo cual es positivo. Pero, ¿qué sucede después?

Uno de los aspectos más interesantes del equilibrio es que, sin importar la etapa en la que te encuentres, siempre es posible cultivarlo. De hecho, la experiencia acumulada a lo largo de los años puede dotarte de mayor sabiduría para practicarlo.

Cuando somos jóvenes, tendemos a caer más fácilmente en los extremos; sin embargo, con la edad y la vivencia, aprendemos a valorar el poder del equilibrio.

Es como cuando disfrutas de una comida deliciosa y sabes cuándo detenerte para evitar sentirte mal después. De igual forma, aplicar la templanza en la vida diaria es una forma de cuidarte, de proteger tu energía y de asegurarte de que tienes lo suficiente para continuar avanzando a largo plazo.

La templanza se manifiesta también en nuestro consumo —no solo material, aunque eso también es importante— sino en el consumo de información, tiempo y energía. ¿Cuántas veces consumimos más de lo que realmente necesitamos, ya sea en redes sociales, alimentos o compromisos?

Ser conscientes de ello y moderar ese consumo nos permite liberar espacio y energía para lo que verdaderamente importa. Es como hacer una limpieza interna que nos ayuda a ver con claridad lo esencial.

A menudo, lo que realmente necesitamos para crecer no es hacer más, sino hacer menos. Y aquí es donde los límites se vuelven cruciales.

Saber cuándo decir "no", cuándo retirarte o cuándo descansar es una habilidad fundamental para el crecimiento. No es un signo de debilidad; por el contrario, establecer límites saludables es una muestra de inteligencia y respeto hacia uno mismo.

Cuando reconoces hasta dónde puedes llegar, mantienes tu ritmo y continúas avanzando. Es como en una relación: sin límites claros, el desgaste es inevitable. Lo mismo ocurre con tus objetivos.

Los límites no son barreras que te detienen, sino guías que aseguran un crecimiento constante y sostenible.

La autorreflexión es la herramienta esencial para todo esto. De vez en cuando, necesitamos detenernos y evaluar cómo estamos actuando. Esto no es para criticarnos, sino para ajustar el rumbo cuando sea necesario.

Al reflexionar sobre nuestras acciones, identificamos dónde hemos ido demasiado lejos o dónde no hemos hecho lo suficiente. Esto nos permite corregir el camino.

Es como un mapa que nos ayuda a no perdernos en el trayecto hacia el cambio; la autorreflexión es, sin duda, una brújula confiable.

Otro elemento que contribuye al equilibrio es la diversificación de nuestras actividades. Con frecuencia nos enfocamos tanto en un solo aspecto de la vida que olvidamos otros igualmente importantes. La vida es un conjunto de áreas interconectadas y, cuando diversificamos nuestras experiencias, nos enriquecemos. Es como un jardín donde no plantas solo una flor, sino muchas, para que todas florezcan en armonía.

Finalmente, aprender a decir "no" es una habilidad que muchas veces pasamos por alto. Negarte a algo que no está alineado con tus valores o metas puede ser un acto de gran fortaleza. No siempre es fácil, pero cada "no" a lo que no te sirve es un "sí" a lo que realmente importa. Estás abriendo espacio para aquello que te impulsa hacia adelante.

La templanza emocional es otra pieza fundamental. Saber moderar nuestras reacciones y emociones evita que los altibajos nos dominen y nos da una ventaja significativa al enfrentar cambios.

Cuando mantienes la calma, puedes ver con mayor claridad, tomar mejores decisiones y adaptarte con mayor facilidad a los desafíos.

Todo esto nos lleva a un punto central: el arte del equilibrio no es una limitación, sino una herramienta poderosa para que el cambio en tu vida sea duradero y efectivo. Es como caminar sobre una cuerda floja, pero sabiendo que tienes el equilibrio necesario para llegar al otro lado.

Y lo mejor de todo es que nunca es tarde para comenzar a cultivarlo.

la gratitud

❖

La gratitud es una fuerza poderosa que, cuando la traemos al presente, transforma nuestra manera de ver el mundo.

Es curioso cómo, al detenernos un instante para reconocer lo que ya tenemos, se abre un espacio interior; un espacio que no solo es de calma, sino también de potencial.

La gratitud debe ser una práctica constante, no algo que solo aflora en momentos de alegría o abundancia, sino también durante los desafíos. Porque cuando agradeces lo que posees hoy, sea mucho o poco, creas una base sólida desde la cual construir el cambio. Empiezas a descubrir oportunidades donde antes solo veías obstáculos.

Una de las maravillas de la gratitud es que no importa la edad que tengas ni cuántas veces hayas dejado pasar el momento: siempre puedes regresar al presente y reconocer el valor real de lo que posees.

La experiencia de vida otorga una perspectiva más profunda; a medida que envejecemos, comprendemos que aquello que dábamos por sentado —las relaciones, las oportunidades, incluso los desafíos— tiene un valor que solo se revela plenamente cuando se practica la gratitud de manera intencional.

Un ejercicio simple y sumamente efectivo es llevar un diario de gratitud. Aunque parezca sencillo, su impacto es enorme.

Reflexionar cada noche sobre aquello por lo que estás agradecido te ayuda a descubrir patrones positivos en tu vida, incluso en días difíciles. Esto cambia tu enfoque y te prepara para el cambio, porque cuando la mente se centra en lo bueno que ya existe, se vuelve más receptiva a nuevas oportunidades.

Agradecer los obstáculos también es fundamental, pues nos invita a verlos por lo que realmente son: oportunidades disfrazadas. Cada problema es una lección que espera ser aprendida. Al asumir esta perspectiva, dejas de sentirte víctima de las circunstancias para convertirte en alguien con el poder de crecer en cualquier situación.

Y no todo se trata de grandes logros; a menudo subestimamos los pequeños avances. La gratitud nos enseña a celebrarlos, a valorar cada paso hacia nuestras metas, por pequeño que parezca.

Agradécele a ese pequeño progreso y verás cómo tu vida cambia de forma significativamente positiva.

Estos momentos minúsculos, pero constantes, construyen el camino hacia cambios mayores. Al reconocerlos, te llenas de motivación porque compruebas que ya estás avanzando.

Un elemento clave en este proceso es la gratitud hacia los demás. Expresar agradecimiento a quienes te rodean no solo fortalece las relaciones, sino que también crea un ambiente de apoyo. Cuando las personas sienten que valoras su esfuerzo, se sienten más dispuestas a respaldarte.

Todo en la vida es temporal, y aunque esto pueda sonar inquietante, en realidad es una de las claves para vivir con gratitud. Al comprender que nada dura para siempre, empiezas a valorar con mayor intensidad lo que tienes en este instante.

La gratitud se convierte así en una forma de presencia plena, una invitación a aprovechar el aquí y ahora, porque sabes que este momento no volverá.

Finalmente, la gratitud te ancla en el presente de una manera que pocas cosas logran.

Nos preocupamos tanto por el futuro o quedamos atrapados en el pasado, que olvidamos el poder del ahora. Pero cuando agradeces lo que tienes, te das permiso para estar plenamente presente.

Y es en ese estado de presencia consciente donde el cambio verdadero ocurre. Cuando estás aquí y ahora, consciente de lo que tienes y de lo que puedes hacer, te abres a la posibilidad de ser y hacer algo más.

La gratitud no es solo un sentimiento; es el motor que impulsa el cambio, el crecimiento y una vida más plena.

la empatía

✤

La empatía es una herramienta poderosa para el cambio, tanto a nivel personal como colectivo. Cuando la practicamos desde una perspectiva psicológica, algo profundo sucede. Nos damos cuenta de que al intentar comprender a los demás no solo los ayudamos, sino que también creamos un espacio para nuestro propio crecimiento.

La empatía nos abre los ojos a realidades que quizás no habíamos considerado, y al hacerlo transforma nuestra manera de ver el mundo.

Es como si, cada vez que intentamos ponernos en los zapatos de otra persona, construyéramos un puente invisible que conecta nuestras experiencias con las suyas, generando un entendimiento que transforma las relaciones.

Este proceso no ocurre en aislamiento; sucede cuando estamos dispuestos a aprender de los demás. Por ejemplo, la escucha activa es una manifestación directa de esa humildad intelectual.

Nunca es tarde para desarrollar esta capacidad; siempre podemos empezar a practicar la empatía. La experiencia acumulada a lo largo de los años puede enriquecer esta práctica, pues con cada interacción tenemos la oportunidad de profundizar en la comprensión del otro.

Ese bagaje de vivencias nos ayuda a ser más compasivos, a descubrir los matices en las historias ajenas, y a entender que todos llevamos una carga que muchas veces no es visible a simple vista.

En definitiva, debemos ser empáticos con todos, pues así como nos gusta ser tratados, debemos tratar a los demás.

El poder de abrazar

Querido lector, quiero que sepas que puedes sanar y también sanar a otros con algo tan simple y poderoso como un abrazo. Un abrazo transmite amor, empatía, consuelo y conexión. Puede ser un refugio silencioso para quien ha perdido las ganas de vivir, una caricia al alma que no necesita palabras.

Abrazar a tus padres, a tus hijos, a tu pareja o a un amigo, es una forma profunda de comunicar sin hablar. Es transmitir calor humano, es decir "estoy aquí", es permitir que el alma se exprese desde el cuerpo.

Un abrazo genuino, dado con el corazón, es una de las experiencias más hermosas que podemos ofrecer y recibir. En los momentos de alegría, de buenas noticias, celebraciones o reencuentros, un abrazo sella la emoción con presencia y verdad. Pero también está el otro lado: en el dolor, en la tristeza, en el duelo o la incertidumbre, un abrazo puede sostener más que cualquier palabra. Puede ser consuelo, fortaleza, paz.

Cuando abrazamos, le decimos al otro: "no estás solo", "cuentas conmigo", "te veo". Nos conectamos con el presente, con el aquí y el ahora, y esa cercanía puede disolver la angustia, la soledad, la inseguridad.

La ciencia ha demostrado lo que el alma ya sabía. La abrazoterapia es una herramienta eficaz para transmitir energía, vitalidad y bienestar emocional. Se recomienda como apoyo en casos de depresión, ansiedad o procesos terapéuticos donde se necesite reforzar la conexión humana. Según estudios de la psicóloga estadounidense Nashma Brouse, los abrazos que duran 20 segundos o más generan una sensación compartida de bienestar y alivio emocional profundo.

No hay límite para los abrazos que podemos dar o recibir, pero su duración y sinceridad son claves. Cada abrazo es una oportunidad de brindar luz, empatía y sanación a los demás.

Así que, dondequiera que estés, sé luz. Abraza con intención. Abraza con el alma. Porque en ese gesto sencillo habita uno de los actos más humanos y transformadores que existen.

BIOGRAFIA

❖

"TRANSFORMA TU VIDA"

"DESPIERTA TU GRANDEZA"

Sobre la autora:

Marlyn Oscarina Pérez nació en Jarabacoa, República Dominicana, y actualmente vive en Texas, Estados Unidos. A lo largo de su vida, se ha dedicado con pasión al crecimiento personal y profesional, lo que la llevó a formarse en el campo de la psicología.

Es licenciada en Psicología General por la Universidad Tecnológica de Santiago (UTESA), en Santo Domingo, donde también completó una Maestría en Habilitación Docente. Posteriormente, obtuvo una Maestría en Psicología Clínica y Psicoterapia Infantojuvenil en el Centro Europeo de Postgrado, España.

Marlyn ha desarrollado su carrera ofreciendo consultas y terapias psicológicas desde diversos enfoques, y se mantiene en constante actualización a través de talleres y certificaciones. Su compromiso con el bienestar y la transformación personal la ha llevado a escribir este libro, donde comparte herramientas y experiencias para acompañar a otros en su camino hacia el cambio y la superación.

Made in the USA
Coppell, TX
01 June 2025

50130567R00030